GIACOMO BRUNO

FARE SOLDI ONLINE
CON EBAY

Guida Strategica per Guadagnare Denaro
con gli Annunci e le Aste Online

Titolo

"FARE SOLDI ONLINE CON EBAY"

Autore

Giacomo Bruno

Editore

Bruno Editore

Sito internet

http://www.brunoeditore.it

Sommario

Introduzione

Questa guida nasce nel 2008, e da allora rappresenta un riferimento per chiunque decida di avviare un'attività redditizia su eBay. Dopo i grandi cambiamenti intervenuti negli ultimi anni, ho deciso di creare una nuova edizione rendendo il mio manuale ancora più semplice, adatto anche a chi è alle prime armi. Tutti questi cambiamenti riflettono la capacità di eBay di adattarsi alle novità del mercato online, con una flessibilità che gli permette di essere sempre un passo avanti. Quello che non cambia, però, è la filosofia del sito o, potremmo dire, il suo DNA, per questo le strategie che offro sono sempre valide.

Da decenni, infatti, puoi trovare su questo sito qualsiasi cosa tu voglia acquistare, dalle automobili usate agli oggetti più svariati.

eBay è un mercato globale dove persone di tutto il mondo possono comprare e vendere oggetti. Vendere su eBay vuol dire avere un'altissima visibilità e usufruire di una piattaforma dalle potenzialità davvero sorprendenti e senza paragoni.

Ma non è tutto qui. Ti interessano le rendite automatiche? Ti interessa impostare delle attività che producano denaro indipendentemente dalla tua presenza? eBay è la soluzione definitiva: funziona 7 giorni su 7, 24 ore su 24; quindi il tuo negozio eBay o la tua attività online possono renderti denaro anche quando dormi o sei in vacanza.

Oggi si stima che siano decine di milioni le persone nel mondo che hanno fatto di eBay la loro attività principale. Hai mai venduto su eBay? Ti sei mai chiesto se è possibile avviare un'attività online con questa piattaforma? Le strategie che trovi in questa guida sono state modellate direttamente dai più grandi affaristi di eBay, i cosiddetti PowerSeller, persone che hanno raggiunto il successo e la massima credibilità e che hanno un volume di vendita molto alto. Senza le giuste strategie, infatti, fare soldi con eBay è diventato difficilissimo. Se quindi sei stanco di investire e non guadagnare, questa è la guida che fa per te.

Buon lavoro,

Giacomo Bruno

CAPITOLO 1:

Come vincere tutte le aste

Prima di aprire il tuo account su eBay, qualora non lo avessi ancora fatto, sarà utile conoscere alcune strategie avanzate che ti permetteranno di non commettere errori banali e di impostare la tua attività in modo vincente. Aprire un account è infatti abbastanza facile, partire con il piede giusto lo è un po' meno. Il primo segreto sta nel capire come funziona eBay: sapere come ragiona un potenziale cliente quando acquista un determinato prodotto ti aiuterà a creare delle inserzioni irresistibili.

eBay dal settembre del 1995 ha raccolto centinaia di milioni di utenti, conta decine di migliaia di nuovi iscritti ogni giorno e pubblica migliaia di inserzioni ogni minuto che passa. In America tutti navigano, vendono e comprano su eBay come fosse un immenso mercatino del nuovo e dell'usato: si trova qualsiasi cosa si desideri e si può vendere tutto ciò che non serve.

Qual è la situazione in Italia? In un'epoca in cui si fatica a trovare lavoro attraverso i canali tradizionali, il commercio online rappresenta una valida opportunità ed eBay la piattaforma ideale per svilupparlo, grazie anche alla sua usabilità. Fare soldi con eBay è possibile, tuttavia non è semplice: ci sono tante persone che hanno aperto un account e non sono diventate ricche. Però è sicuramente più facile se hai le giuste strategie e se ti impegni a metterle in pratica. I soldi facili non esistono!

Cos'è eBay esattamente? Qualcuno forse ti avrà detto, o tu stesso penserai, che eBay è un "sito di aste". Invece… non è vero! eBay è una semplice piattaforma online che consente alle persone di incontrarsi e vendere oggetti; in sostanza aste e compravendite avvengono tra gli utenti registrati. Questo significa che tu, da acquirente, usi eBay per trovare e comprare gli oggetti che desideri da altri utenti e da venditore usi eBay per trovare clienti per i tuoi prodotti.

SEGRETO n. 1: eBay non è un sito di aste ma una piattaforma che consente alle persone di incontrarsi e vendere oggetti.

Questo "incontro" viene reso possibile attraverso la pubblicazione di annunci su due canali: eBay Classico ed eBay Annunci. eBay Annunci consente di inserire testi per vendere o acquistare nella propria regione con ottime opportunità di visibilità; è ideale per promuovere la vendita di ebook, oggetti ingombranti, servizi professionali, viaggi e vacanze o per pubblicare offerte di lavoro. Rappresenta un valido strumento di business, come vedremo più avanti. Gli annunci sono gratuiti e non è prevista una commissione sulle vendite.

Per tutto il resto… c'è eBay Classico! È grazie a eBay Classico che potrai impostare una vera e propria attività di ecommerce. Le compravendite avvengono principalmente attraverso il meccanismo dell'asta, che è anche quello più datato e che ha fatto conoscere e diffondere eBay.

L'asta si svolge in questo modo:

1) un venditore crea un annuncio per un oggetto stabilendo un certo prezzo di partenza;

2) gli acquirenti fanno le loro offerte;

3) vince chi, allo scadere dell'asta, ha offerto il prezzo più alto.

A differenza delle aste tradizionali, un'asta su eBay può scadere anche dopo 7, 10 o più giorni. Per il venditore questo significa che entro un periodo di 7/10 giorni piazzerà quasi certamente il suo oggetto a un buon prezzo, grazie ai rilanci effettuati da compratori interessati e alle strategie di sponsorizzazione messe in campo.

Per farti capire le potenzialità di eBay ti faccio un esempio. Per Natale hai ricevuto un cellulare nuovo, cosa te ne fai di quello che avevi prima? Puoi metterlo in vendita su eBay. L'alternativa è lasciarlo nel cassetto per qualche anno e poi disfartene quando è talmente vecchio da non valere più nulla. Invece tenti la carta eBay. Pensi che valga 50 €, lo metti in vendita con un prezzo di partenza di 30 € in modo che sembri un affare; le persone sono attirate dal prezzo basso e, un'offerta dopo l'altra, il prezzo arriva a 60 €. L'asta si conclude e tu hai guadagnato 60 €, più dei 50 ipotizzati. Ma cosa succede se trovi un solo cliente? Che offrirà

31 € e si aggiudicherà l'asta: lui avrà fatto un buon affare, tu no.

Vuoi iniziare a metterti in gioco? La prima cosa da fare è aprire un account su eBay, cioè registrarti, così da poter partecipare sia come acquirente sia come venditore. Ma attenzione: aprire un account è un'operazione delicata e spesso molto trascurata. Perché? È necessario che ti spieghi prima una cosa.

eBay ha ideato un sistema efficace per rendere sicure le compravendite, si tratta del sistema dei **feedback**. In pratica, ogni volta che si conclude un'asta il venditore e l'acquirente si scambiano un feedback, cioè un breve commento riguardo l'affidabilità dell'altra persona. Quindi, se tu compri un videogioco usato da un venditore su eBay e questa persona è precisa, puntuale, spedisce subito il prodotto che arriva in perfette condizioni, come descritto nell'annuncio, allora sarai soddisfatto e lascerai un **feedback positivo**.

tutto ok, ottimo venditore, veloce nella spedizione. consigliato

Si assicura Massima Professionalità e Gentilezza - Celeri i contatti

Ma che succede se invece quella persona ti truffa e non ti spedisce l'oggetto tenendosi i tuoi soldi? Che tu, oltre a segnalare il venditore a eBay, gli lascerai un **feedback negativo**.

Quanto di peggio possa esserci. Attenzione, venditore scorretto e disonesto.!!!!

Ma non è tutto bianco o nero e può verificarsi un'altra situazione. Il venditore, a fronte del tuo pagamento, spedisce il tuo oggetto, diciamo un videogioco. Apri il pacco e ti accorgi che il videogioco ha il box rotto e i cd sono leggermente graffiati nonostante l'annuncio riportasse «come nuovo, nessun graffio»; inoltre il tutto ti arriva con dieci giorni di ritardo. Ecco, in questa situazione potresti lasciare un **feedback neutro**.

Dal canto suo, il venditore può lasciarti solo un feedback positivo o non lasciartene affatto, non è cioè autorizzato a lasciare un feedback neutro o negativo.

Spesso, in caso di difficoltà nella transazione, la soluzione migliore è parlare con il venditore prima di lasciare un feedback negativo, è infatti suo interesse che ciò non accada. Magari puoi chiedere via email di velocizzare la procedura o di rimandarti un prodotto nuovo perché quello che hai ricevuto è in pessime condizioni. Ricordati che è lui che rischia di più se lasci un feedback negativo, quindi chiedi gentilmente di risolvere l'eventuale problema.

SEGRETO n. 2: ogni volta che si conclude una transazione gli utenti si scambiano tra loro un feedback, per questo motivo si tratta dello strumento più prezioso per chi compra e vende su eBay.

Prima di comprare un oggetto è quindi buona norma studiare il feedback del venditore, ti dirà se hai a che fare con una persona onesta e affidabile o se devi starne alla larga. Per questo motivo le persone che hanno un elevato volume di vendita, un punteggio di feedback alto (pari almeno a 100) e una percentuale di feedback positivi superiore al 98% possono accedere allo status di "PowerSeller".

Lo status di **PowerSeller** è particolarmente prezioso su eBay, perché ti permette di riconoscere da subito i venditori affidabili. Compreresti da questo venditore?

Punteggi di feedback recenti (ultimi 12 mesi)	1 mese	6 mesi	12 mesi
Positivo	1614	9181	14827
Neutro	3	36	58
Negativo	6	9	13

Riepilogo: Positivi: 14782   Negativi: 17 | Feedback positivi: 99,9%

Si tratta di un PowerSeller che ha migliaia di feedback, segno che si è dato molto da fare negli ultimi anni e, cosa più importante, ha il 99,9% di feedback positivi: una percentuale altissima.

Il punteggio di feedback è così calcolato:

+ 1 per ogni feedback positivo;

- 1 per ogni feedback negativo;

0 per ogni feedback neutro.

Quindi, ogni volta che un acquirente compra ed è soddisfatto lascia il suo feedback positivo, incrementando la credibilità del venditore. Attualmente i feedback rilasciati da un utente per più transazioni sull'account di uno stesso venditore incrementano il punteggio di un utente fino a un massimo di una volta a settimana.

Ovviamente punteggio di feedback e percentuale vanno studiati entrambi. Infatti, sapresti dirmi se uno che ha punteggio di feedback pari a 10.000 è affidabile? No, perché potrebbe aver fatto 20.000 vendite e aver preso migliaia di feedback neutri o negativi, scontentando moltissime persone. E sapresti dirmi se uno che ha una percentuale di feedback positivi pari al 100% è affidabile? No, perché magari ha fatto una sola vendita e ha ricevuto un solo commento positivo, di certo questo singolo dato non ti garantisce la sua onestà.

Quindi, se vuoi essere sicuro quando compri, presta attenzione a:

- punteggio di feedback;
- feedback positivi (%).

Così eBay ti fornisce tutto il necessario per fare acquisti sicuri, infatti puoi controllare, uno per uno, tutti i feedback del venditore. Se preferisci un'indagine più accurata esistono dei software creati appositamente. Poco conosciuto in Italia, ma molto efficace, è BayCheck Pro, che consente di verificare tutti i feedback del venditore (sia quelli ricevuti che quelli lasciati), la sua storia come utente ed eventuali cambi di account, insomma, puoi capire con chi hai a che fare.

Quello che abbiamo appena detto ti deve interessare, però, anche da un altro punto di vista. Lo scopo di questo manuale, infatti, non è solo quello di insegnarti a fare acquisti convenienti e in tutta sicurezza su eBay, ma soprattutto vuole darti le giuste strategie per guadagnare come venditore. Cosa significa?

SEGRETO n. 3: se vuoi fare soldi su eBay devi diventare assolutamente un PowerSeller, otterrai così una credibilità che ti porterà ad attirare molti clienti.

Diventare PowerSeller significa essere percepito come venditore affidabile, perciò le tue vendite triplicheranno istantaneamente.

Certo, ci vuole molto tempo per ottenere questo riconoscimento: devi concludere centinaia di vendite e lavorare con onestà e qualità. Questa guida però ti offre le strategie per diventare PowerSeller in 90 giorni. È possibile? Assolutamente sì. È facile? Solo se hai in mano le tecniche giuste e un metodo collaudato ed efficace.

Per diventare un PowerSeller devi aprire, però, il tuo account. Una soluzione spesso consigliata, e in precedenza suggerita in questa stessa guida, è aprire due account diversi, uno per comprare e uno per vendere, in modo da evitare problemi. Tuttavia questo porta a sparpagliare i feedback e a sprecare tempo. Oggi questa tecnica è superata giacché, come dicevo, i venditori possono rilasciare solo feedback positivi o non rilasciarne affatto. Quindi, se con il tuo account vorrai acquistare degli oggetti, potrai finalmente farlo con la tranquillità di non mettere a rischio i tuoi feedback da venditore. Ovviamente, se ti comporti con onestà avere uno stesso account per acquistare e vendere non sarà un problema, inoltre questo ti consentirà di ottenere velocemente un buon punteggio.

Ripeto: innanzitutto devi imparare ad acquistare; se impari ad acquistare e a capire i trucchi e i segreti di chi compra, ti sarà più facile essere un venditore di successo. Sapersi mettere nei panni del cliente è il primo passo che permette di capirne le esigenze, per poterle poi soddisfare con il tuo prodotto. Cosa aspetti? Apri il tuo account eBay!

Ora, il primo aspetto da non sottovalutare è la scelta del nome. È molto importante impostare un nome professionale, che sia il tuo marchio e che rappresenti i prodotti che vendi. Ad esempio, se vendi libri potresti chiamarlo *Il Mercato dei Libri*, *Tutto Libri*,

Book Shop, Book Market, Book Center e così via. Un nome serio che riesca a dare un'idea precisa degli oggetti che tratti. Avrai forse notato che ho utilizzato prima di tutto nomi in italiano, sì, perché se il tuo mercato di riferimento è unicamente questo allora devi utilizzare parole italiane, se invece vuoi aprirti ad altre nazioni l'inglese è certamente la scelta più adatta.

Se per caso il tuo nome utente non è disponibile perché è già stato scelto da qualcun altro, dovrai trovarne uno nuovo ed eBay ti aiuterà nella scelta suggerendoti nomi simili.

Procedi riempiendo tutti i campi, in pochi minuti sarai un utente registrato e potrai partecipare alle compravendite. Ti ricordo che la registrazione di un account è completamente **gratuita**. Allora, come guadagna eBay? Chiedendo delle tariffe per ogni annuncio di vendita e delle commissioni sul valore dell'oggetto venduto. Tutto questo ha qualcosa a che fare con te? Per il momento no, giacché come compratore non devi nulla a eBay, infatti tariffe e commissioni riguardano solo il venditore.

In qualità di acquirente tu puoi navigare liberamente su eBay alla ricerca di quello che ti interessa. Ad esempio, inserendo nel motore di ricerca interno la parola «<u>Ferrari</u>», dopo pochi istanti il sito ti fornirà i risultati che tu potrai anche restringere a una sola categoria, come «Giocattoli e Modellismo».

Vincere le Aste

A questo punto puoi effettuare i tuoi acquisti secondo la modalità classica, cioè l'*Asta Online*, oppure a prezzo fisso tramite il *Compralo Subito*. In questo secondo caso ti basterà cliccare su *Compralo Subito* e automaticamente avrai comprato l'oggetto; il meccanismo è lo stesso dei tradizionali siti di ecommerce: trovi l'oggetto che ti piace e lo compri.

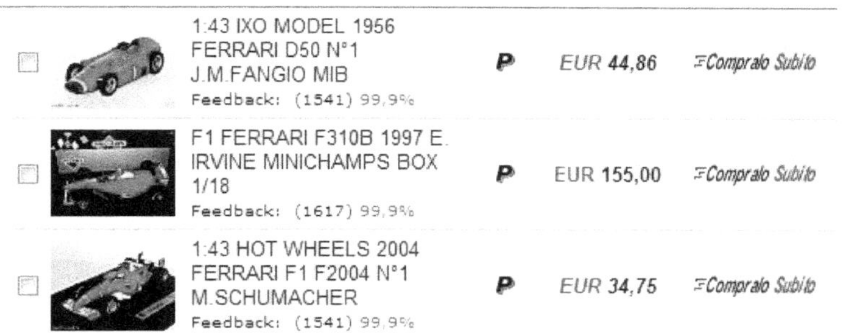

In genere i venditori lo usano per oggetti di basso valore, oppure per oggetti che hanno prezzi standard e che si possono trovare anche al di fuori di eBay, o ancora per gli ebook, normalmente venduti a pochi euro. Come vedremo, il *Compralo Subito* è una delle armi più potenti da utilizzare per diventare PowerSeller in maniera velocissima.

Esiste inoltre un'opzione aggiuntiva che può esserti utile e cioè la *Proposta d'Acquisto*.

Guarda l'annuncio. La scritta *Proposta d'Acquisto*, sotto la voce *Compralo Subito*, indica che il venditore dà la possibilità di fare contro-offerte, salvo decidere se accettarle o meno. In questo caso, ad esempio, l'oggetto ha un costo di 50 €, ma cliccando su «Fai una Proposta» hai la possibilità di offrire un prezzo più basso che il venditore potrebbe ugualmente accettare.

L'*Asta Online* funziona diversamente: tu fai un'offerta e se al termine dell'asta rimani il miglior offerente ti aggiudichi l'oggetto, altrimenti se lo aggiudica chi ha offerto di più.

Per fare un'offerta basta cliccare sul bottone «Fai un'offerta» nella pagina dell'oggetto; potrai inserire un importo che, ovviamente, deve essere almeno un "gradino" più alto rispetto a quello raggiunto in quel momento. Il "gradino" varia a seconda delle cifre, in ogni caso eBay segnala l'importo minimo del rilancio.

Fai un'offerta

Benvenuto benny1926! _(Non sei tu?)_

Oggetto per il quale hai fatto un'offerta:
BRUMM - FERRARI 512 BB LE MANS scala 143
Al momento: EUR 15.51

Offerta massima: EUR [   ]   (Inserisci EUR 16,01 o più)

Continua >

Considera che quando inserisci un importo eBay lo giudica come il massimo prezzo che sei disposto a offrire, non a caso si chiama "offerta massima"; sarà poi eBay a rilanciare automaticamente per conto tuo fino al tetto che hai stabilito.

Ad esempio, diciamo che sei interessato a un introvabile modellino di Ferrari 512 Le Mans. Sai che nei negozi di collezionismo viene venduto a 100 €. Tu navighi su eBay e lo trovi all'asta con un prezzo base di 1 €. Bene: puoi avere a 1 € un pezzo che ne vale 100. Peccato che se ne siano accorti in tanti! Così ogni utente fa la sua offerta e il prezzo sale fino a 15 €, poi arrivi tu e puoi offrire 16 €, oppure ti fai due conti e pensi che puoi arrivare a pagarla 80 €, quindi offri 80 € (è la tua offerta massima). Ma attenzione: sulla pagina delle offerte apparirà comunque 16 €, perché eBay fa spendere massimo 1 € in più rispetto alla precedente offerta.

Poi, magari, un altro utente vede superata la sua offerta e rilancia a 17, ma in automatico eBay rilancia per te a 18, quindi il miglior offerente rimani tu. L'altro offre allora 19 € ma l'asta, grazie all'offerta massima che hai impostato, arriva automaticamente a 20, e così via fino a 80 €. Se l'altro utente ti vuole superare deve arrivare a 81 €. Ovviamente lui non sa qual è la tua offerta massima, quindi dovrà andare a tentativi, 1 € alla volta, oppure dovrà fare un'offerta molto alta con il rischio di pagare sin troppo.

Questa strategia è utile in quanto ti permette di decidere a priori qual è la cifra massima che sei disposto a spendere, ti consente quindi di mantenere la giusta freddezza per gestire con profitto l'asta ed evitare di pagare un oggetto al di sopra del suo valore. Un altro vantaggio dello sfruttare le offerte massime è che gli altri utenti, che spesso rilanciano 1 € alla volta, per starti dietro e capire quanto hai offerto realmente perdono un sacco di tempo... intanto l'asta si conclude e tu ti aggiudichi l'oggetto.

Certo, se tu seguissi alla lettera le indicazioni di eBay non vinceresti molte aste. Infatti sul sito l'asta viene così descritta: «Per comprare attraverso l'asta si fa un'offerta e si attende la scadenza dell'asta per vedere se si è il miglior offerente». Se tu facessi così non vinceresti di certo, in compenso eBay guadagnerebbe un sacco di soldi in commissioni. Perché? Se un'asta scade entro quattro giorni e inizia da subito la "guerra delle offerte" tra i compratori, il prezzo rischia di salire molto, il che è sicuramente positivo per il venditore, che guadagnerà più del previsto, e per eBay, che riscuoterà ottime commissioni sul prezzo finale di vendita.

SEGRETO n. 4: per aggiudicarti l'oggetto che desideri a un prezzo conveniente devi fare la tua offerta solo a pochi secondi dalla fine dell'asta.

In questo modo non contribuirai a far crescere i prezzi, non ti farai notare dagli altri e soprattutto non darai loro il tempo per rilanciare. Che cifra offrirai? Ovviamente quella massima che sei disposto a spendere. Quindi, tornando all'esempio del modellino della Ferrari, offrirai 80 €; se al momento dell'offerta, che farai un attimo prima della scadenza, la cifra sarà arrivata a 15 €, avrai ottime probabilità di aggiudicarti l'asta a soli 16 €. C'è un solo caso in cui potresti perdere l'asta: se un altro compratore ha fatto un'offerta massima per un importo uguale o superiore ai tuoi 80 €. Se l'ha fatta prima di te, a parità vincerà lui, ma a quel punto a te non interesserà a causa della cifra troppo alta.

Fare la tua offerta negli ultimi 10/15 secondi dell'asta ti garantisce una probabilità di vittoria pari al 90%. Ma non basta. Voglio farti arrivare al 95% di aste vinte e quindi ti svelerò un ulteriore segreto. Infatti devi battere anche gli utenti più esperti che, come te, conoscono il trucco delle offerte all'ultimo minuto.

SEGRETO n. 5: non offrire mai una cifra tonda, ma aumentala sempre di qualche centesimo.

Al nostro cervello piacciono le cifre tonde, gli importi esatti. Proprio per questo alle aste si tende a offrire una cifra tonda, e come lo fai tu lo fanno tutti gli altri. Quindi non ti conviene offrire 80 € per il tuo modellino perché se qualcun altro ha offerto

la stessa cifra prima di te, a parità vince lui. Ma se tu offri 81 €
naturalmente vinci tu, e per fugare ogni dubbio di vittoria puoi
proporre un importo talmente "specifico" da non incorrere mai
nel rischio pareggio, ad esempio 81,12 €. Inoltre, considera il
punto di vista di un altro utente: dopo aver offerto 80 € vede che
la sua offerta non basta, pensa allora che l'offerta successiva sia
di 90 €: troppo alta! Rinuncia così all'asta.

Ma torniamo all'offerta fatta negli ultimi 10/15 secondi dell'asta.
Questa strategia si chiama "sniping"; esistono siti e software che
la utilizzano in maniera automatica per far vincere le aste. In
pratica apri un account presso uno di questi siti, inserisci i tuoi
dati di eBay, importi la lista delle aste che ti interessano, fissi il
prezzo massimo che sei disposto a pagare, dopodiché il sito invia
automaticamente per tuo conto, negli ultimi 5 secondi prima della
scadenza dell'asta, l'offerta che hai impostato.

I vantaggi sono notevoli. Innanzitutto non è richiesta la tua presenza per chiudere l'asta: lo fanno il sito o il software al posto tuo, anche la notte, che è il momento migliore per fare affari visto che la maggior parte dei tuoi concorrenti dorme beatamente. Secondo vantaggio è che questi siti di sniping riescono a battere anche gli utenti più esperti, quelli che fanno la loro offerta negli ultimi 10/15 secondi, perché il sito riesce a ridurre questo margine fino a 3/5 secondi. Essendo uno strumento straordinario e poco conosciuto alla maggioranza degli utenti italiani, questo segreto ti offre un vantaggio competitivo notevole.

Un valido sito in lingua italiana è AuctionSniper; si tratta di un servizio molto facile da utilizzare e la procedura di iscrizione è semplice e veloce. Se sei stufo di perdere le aste, vale sicuramente la pena provarlo. L'iscrizione è gratuita, come anche le prime tre aste, dopodiché si paga una piccola commissione solo se ti aggiudichi l'asta; se l'offerta non va a buon fine perché viene superata non ti viene addebitato nulla.

AuctionSniper consente anche di utilizzare la funzione *Gruppi di offerta*; in sostanza puoi fare un'offerta per uno stesso oggetto messo all'asta da venditori differenti. Appena vinci un'asta al prezzo che hai stabilito, AuctionSniper annulla automaticamente le altre tue offerte rimanenti. Se, ad esempio, vuoi comprare all'asta un iPad e lo trovi a prezzi differenti da diversi fornitori, puoi stabilire il prezzo massimo che vuoi pagare e AuctionSniper fa offerte ai vari venditori finché non se ne aggiudica uno al miglior prezzo. Aggiudicatoselo, annulla tutte le altre offerte. Così tu hai ottenuto quello che volevi, al prezzo che volevi, risparmiando, magari, anche 100 €.

In alternativa esistono dei software che svolgono la medesima funzione. Da un lato hanno lo svantaggio di funzionare sul tuo pc, con tutte le problematiche legate alla linea internet o computer spento o impallato; dall'altro hanno un grandissimo pregio: paghi un costo fisso per acquistarli e poi basta. Su eBay stesso puoi trovare diversi software di sniping a pochi euro.

Arrivati al 99% di aste vinte ci accontentiamo? Stavolta penso di sì, neanche io posso garantirti di arrivare al 100% perché ci sarà sempre qualcuno che, pur senza strategie, avrà più soldi da spendere. Se qualcuno offre 200 € per quel modellino di Ferrari non c'è sito, né software né strategia che possano farti vincere.

Una volta vinta l'asta segui tutta la procedura automatica; ti verrà chiesto di effettuare il pagamento nel più breve tempo possibile e di metterti d'accordo con il venditore per l'invio della merce. Per i pagamenti devi seguire le indicazioni del venditore, eBay offre diverse soluzioni ma è il venditore a scegliere quali adottare. In genere troverai PayPal, il servizio numero uno al mondo per i pagamenti online. Cliccando sul bottone PayPal dovrai semplicemente inserire i tuoi dati e quelli della carta di credito.

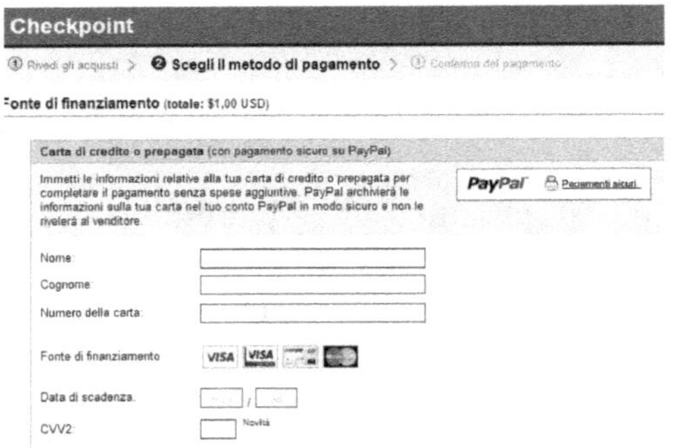

Alla fine della procedura PayPal ti chiederà di registrarti e creare un tuo account. Ti consigliamo di farlo subito per due buoni motivi:

1) quando dovrai effettuare di nuovo un pagamento non sarà necessario inserire da capo tutti i tuoi dati, ma ti basterà inserire la tua email e la tua password;

2) quando inizierai a vendere dovrai ricevere i pagamenti per le tue aste, quindi sarai obbligato ad avere un account su PayPal.

PayPal è comodo, veloce e gratuito. Paghi commissioni solo sui pagamenti in entrata, mai su quelli in uscita. Devi avere una carta di credito; se non ce l'hai puoi anche attivare una carta ricaricabile tipo PostePay. PayPal prevede un sistema di protezione sugli acquisti, per cui se qualcuno sta tentando di truffarti puoi fare un reclamo per farti rimborsare i soldi.

E questo te lo consigliamo non solo per il sistema di protezione, ma perché il 90% delle truffe avvenute su eBay negli anni passati sfruttavano altri metodi di pagamento, come la ricarica di carte prepagate, il trasferimento di denaro tipo Western Union, la spedizione di contanti in buste sigillate. Se paghi qualcuno in uno di questi modi il tuo pagamento non sarà rintracciabile e quindi non potrai dimostrare niente.

Ovviamente **lascia il tuo feedback al venditore solo dopo aver ricevuto la merce e aver controllato che è tutto a posto.** Ricordati che il feedback è l'arma più potente di cui disponi e di cui qualsiasi venditore ha paura. Usalo con giudizio e prima di lasciarne uno non positivo (devi per forza aspettare tre giorni per poterlo fare) contatta il venditore e cerca di risolvere il problema amichevolmente.

Non comprare mai da un venditore che è iscritto da pochi giorni e che ha un punteggio di feedback inferiore a 10. Se vuoi stare più tranquillo, compra solo da chi ha un punteggio pari almeno a 500: è molto difficile che chi vende regolarmente su eBay possa scappare con i soldi di una vendita, buttando all'aria mesi di lavoro spesi per costruire un'attività online.

Ed è qui che torniamo all'altro lato della medaglia: se vuoi fare soldi su eBay e costruire il tuo business online devi accumulare un buon punteggio di feedback nel più breve tempo possibile, così da diventare un PowerSeller degno della massima fiducia.

RIEPILOGO DEL CAPITOLO 1:

- SEGRETO n. 1: eBay non è un sito di aste ma una piattaforma che consente alle persone di incontrarsi e vendere oggetti.

- SEGRETO n. 2: ogni volta che si conclude una transazione gli utenti si scambiano tra loro un feedback, per questo motivo si tratta dello strumento più prezioso per chi compra e vende su eBay.

- SEGRETO n. 3: se vuoi fare soldi su eBay devi diventare assolutamente un PowerSeller, otterrai così una credibilità che ti porterà ad attirare molti clienti.

- SEGRETO n. 4: per aggiudicarti l'oggetto che desideri a un prezzo conveniente devi fare la tua offerta solo a pochi secondi dalla fine dell'asta.

- SEGRETO n. 5: non offrire mai una cifra tonda ma aumentala sempre di qualche centesimo.

CAPITOLO 2:

Come diventare un venditore eccellente

Dopo aver impostato un account e aver scelto un nome adatto alla tua attività di venditore su eBay, hai quindi cominciato a fare i tuoi primi acquisti. Non avrai difficoltà a trovare oggetti che ti occorrono e sicuramente, grazie alle strategie che ti ho insegnato, li otterrai a prezzi interessantissimi. Tuttavia, se vuoi ottenere il titolo di PowerSeller devi cercare di ottenere velocemente feedback senza mettere a rischio il tuo punteggio.

Come puoi farlo senza spendere un capitale? Gli americani hanno creato una serie di prodotti che costano 1 $ (in Europa 1 €) e che servono in generale solo per scambiarsi un feedback positivo: chi li vende lo fa per assicurarsi un feedback, chi li compra anche. Un feedback positivo, infatti, vale comunque 1 punto, sia che tu compri un ebook da 1 € o un oggetto da 100.000 €. Quindi, se oggi compri 100 ebook oppure oggetti da 1 €, spendi IN TUTTO 100 €, in poche ore avrai 100 feedback positivi e una percentuale del 100%. Straordinario!

Ad essere precisi, il regolamento di eBay vieta espressamente la vendita di feedback, ma gli americani hanno trovato quest'alternativa: invece di vendere il feedback vendono un prodotto da 1 $. Su eBay Italia troverai tanti prodotti da 1 €.

C'è da dire che eBay potrebbe annullare i feedback ottenuti in questo modo ma, dopo test effettuati, devo dire che non è mai successo. Nulla ti vieta di iniziare a comprare prodotti da 1 €. Digitando «ebook» nel motore di ricerca di eBay troverai decine di risultati, non solo ebook ma anche fotografie, sfondi e wallpaper. Ovviamente compra cose che ti interessano, così potrai avere un ritorno anche in termini di materiale acquistato.

Altra cosa importante: compra ebook con *resell rights*, cioè con diritto di rivendita. In questo caso tu acquisti, insieme all'ebook, il diritto di rivenderlo per conto tuo e di tenere il 100% del ricavato. Per trovare questo tipo di prodotti su eBay ti basta inserire nel motore di ricerca la frase chiave «ebook resell rights».

SEGRETO n. 6: per aumentare velocemente il tuo punteggio di feedback devi comprare prodotti da 1 €; preferisci gli ebook con diritto di rivendita per avere già in mano dei prodotti da vendere.

A questo punto è importane che tu sappia che per diventare un

PowerSeller devi avere principalmente questi requisiti:

- punteggio di feedback superiore a 100;

- percentuale di feedback superiore al 98%;

- incassi per almeno 1000 € al mese;

- venditore da almeno 3 mesi.

Nella maggior parte dei casi i PowerSeller hanno raggiunto questo titolo dopo anni di annunci e aste. Tu invece puoi esserci già vicino dopo un paio d'ore di lavoro e dopo aver speso solo poche decine di euro. Ma non devi accontentarti di ottenere i requisiti di base, piuttosto il tuo obiettivo deve essere di almeno 1000 feedback, allora sì che verrai considerato un venditore molto affidabile. Come puoi raggiungere un punteggio così alto preservando anche una percentuale superiore al 98% necessaria per essere PowerSeller? Comprando altri 900 ebook da 1 €? No. Per acquisire feedback e allo stesso tempo credibilità come venditore devi ora cominciare a vendere. Quali sono i prodotti più cercati su eBay e nello stesso tempo i più venduti a basso costo? Gli ebook! Devi **vendere informazioni.**

Puoi iniziare dagli ebook con diritti di rivendita che, tra l'altro, attireranno molti acquirenti. Con un solo acquisto anche loro avranno un doppio beneficio: le informazioni che cercano e la possibilità di rivenderle. Quindi hai già fatto tutto il tuo investimento, i prodotti li hai già e possono essere venduti in quantità illimitata, guadagnando il 100% sulle vendite. Ovviamente, dopo aver capito cosa vendere e perché, il prossimo aspetto è capire come vendere la tua merce.

La prima possibilità che ti potrebbe venire in mente, infatti, è quella di mettere l'ebook all'asta, creando un annuncio per ogni copia. Ma pensaci bene: tu stai vendendo non un prodotto unico ma un contenuto replicabile, anche se poi dovrai spedirlo all'acquirente su cd. Cosa significa? Che puoi sfruttare il meccanismo dell'inserzione multipla (accessibile unicamente dal formato *Compralo Subito*): invece di creare 100 annunci per il tuo ebook puoi farne uno solo e indicare che ne hai 100 pezzi, ogni volta che concluderai una vendita la quantità diminuirà di un pezzo. Risparmierai in questo modo il denaro delle commissioni e tempo prezioso; grazie al sistema automatizzato un solo annuncio ti consente di gestire fino a 100 acquisti, e se hai realizzato un annuncio efficace allora dovrai aspettare veramente poco per vedere i primi risultati.

Ne approfitto per spiegarti ora una cosa. Ogni commerciante sa che dai suoi guadagni deve togliere anche dei costi. Su eBay dovrai calcolare nei costi la tariffa d'inserzione e la commissione sulle vendite; aggiungici quello che devi a PayPal, che prende sulle transazioni una percentuale intorno al 3 o 4%. L'importante è che quando calcoli i tuoi margini di guadagno ne tieni sempre conto.

Vediamo ora qual è la procedura per impostare un'inserzione di vendita. Dall'homepage clicca su «Vendi», inserisci username e password, si aprirà un modulo e qui indicherai cosa vuoi vendere. La procedura è facile, veloce e guidata passo dopo passo: dovrai inserire il titolo del tuo annuncio, la descrizione del prodotto e così via. Di come fare annunci vincenti parleremo più avanti, ora consideriamo solo alcune cose.

Per il formato di vendita puoi scegliere tra:

- Asta Online;

- Compralo Subito.

L'*Asta Online* è il sistema di vendita più diffuso e apprezzato da parte degli utenti su eBay. Il *Compralo Subito* funziona molto bene con alcuni tipi di oggetto, vedremo poi quali. Una via di mezzo è l'*Asta Online* con *Prezzo di Riserva*, in questo caso la vendita non è conclusa finché l'asta non raggiunge un prezzo minimo fissato dal venditore; tuttavia queste aste non sono viste di buon occhio dagli acquirenti perché cade la speranza di fare un buon affare.

Ma esiste o no un formato che è migliore degli altri? Al momento il tuo obiettivo non è far alzare il prezzo per guadagnare, ma vendere il più possibile e nel minor tempo possibile. A questo scopo il miglior formato è il *Compralo subito*.

SEGRETO n. 7: utilizza il formato *Compralo Subito* e l'opzione inserzione multipla per vendere velocemente i tuoi

prodotti da 1 €.

Così facendo otterrai tanti feedback e raggiungerai in un batter d'occhio lo status di PowerSeller. Ti ricordo che ci vogliono minimo 3 mesi, ma quando tu arriverai al terzo mese avrai già centinaia di feedback positivi, una percentuale altissima e avrai già fatto vendite per diverse centinaia di euro.

Una volta scelto il formato di vendita, eBay chiede di indicare la **quantità** dei prodotti che desideri mettere in vendita; se hai già requisiti minimi quali 20 feedback, prezzo del prodotto di almeno 1 €, iscrizione da 14 giorni puoi utilizzare il *Compralo subito* con inserzione multipla e indicare la quantità che preferisci.

Infine, terza cosa importante, ti viene chiesto di indicare la **durata** dell'annuncio, un dato importantissimo sia nel caso del

Compralo Subito sia, soprattutto, nel caso delle *Aste Online*. Nel *Compralo Subito* con quantità singola l'inserzione si chiude nel momento stesso in cui un acquirente compra il tuo prodotto, indica quindi una scadenza lunga (10 giorni) in modo che il tuo annuncio rimanga a sufficienza sulle pagine di eBay e cresca la tua possibilità di vendere.

Nel caso delle *Aste Online* la scadenza va studiata con attenzione. Considera un attimo il punto di vista dell'acquirente: la maggior parte delle offerte si concentra a ridosso della scadenza perché ci sono le migliori possibilità di fare affari e battere gli altri acquirenti; i siti e i software di sniping, addirittura, sfruttano gli ultimi secondi. Alla luce di tutto ciò, vorresti forse che la tua asta scadesse il lunedì alle 3 di notte? Chi farebbe offerte a quell'ora?

Inoltre devi stabilire la durata dell'annuncio anche in base al giorno di scadenza, perché questo possa corrispondere a un giorno particolarmente vivace per le compravendite. E poiché l'ora di scadenza corrisponde a quella di inserzione, devi studiare tutto nei minimi particolari.

SEGRETO n. 8: stabilisci per il tuo annuncio una durata tale da far terminare la tua asta in giorni e orari pieni di gente.

Dai miei studi è risultato che nel corso dei mesi autunnali e invernali la maggior parte delle compravendite vengono effettuate la domenica, perché la gente è in casa, non lavora, è serena e ha tempo per navigare su eBay. La fascia oraria migliore è tra le 18.00 e le 22.00. Nel periodo estivo, invece, ti dovrai accontentare di un giorno feriale; tra tutti ti consigliamo il mercoledì, che è il giorno in cui si ha il massimo picco di energia e capacità decisionale; l'orario migliore è tra le 19.00 e le 23.00.

Ma cosa succede se non puoi pubblicare l'asta proprio a quell'ora? eBay mette a disposizione uno strumento per programmare la data e l'ora d'inizio delle tue aste. Per pochi centesimi di euro puoi infatti creare tutte le aste che vuoi in una mattinata, anche quelle relative ai giorni seguenti. Concentrando il tuo lavoro in poche ore potrai quindi impostare l'attività commerciale di un'intera settimana! Gestire l'orario di pubblicazione consente anche di ottimizzare il proprio marketing; ad esempio, se stai vendendo prodotti simili o anche uguali, ti conviene mettere un annuncio ogni 20/30 minuti, così da coprire più fasce orarie e trovare più acquirenti possibili.

Ovviamente vale anche il contrario: se tu vuoi fare affari online come acquirente, ti consiglio di andare a cercare aste che scadono in piena notte: avrai molte più possibilità di vincere l'asta e di spuntare un prezzo basso.

È necessario spiegare, a questo punto, che, se vuoi aprire una vera e propria attività di ecommerce, eBay offre un'opportunità interessante e cioè l'apertura di un vero e proprio negozio online. Il vantaggio è che hai a disposizione tutti gli strumenti necessari per gestire un'attività complessa, tariffe agevolate e una visibilità senza pari per i tuoi prodotti. Per aprire un negozio eBay ci vogliono 3 minuti e un investimento di pochi euro al mese più le tariffe sul venduto. Vedremo più avanti come fare.

Quali prodotti potresti vendere? Sicuramente non quelli contenuti nella sezione Oggetti Vietati; presta attenzione a questa lista che viene aggiornata spesso. Per cominciare puoi creare inserzioni per gli ebook con diritto di rivendita acquistati per pochi centesimi. Ricorda che se avvii una vera e propria attività di commercio elettronico sarai obbligato a emettere fattura sulle tue vendite e quindi dovrai aprire Partita Iva.

Ma come puoi rivendere i tuoi manuali? Il regolamento di eBay vieta infatti la vendita di materiale digitale. Fino a qualche anno fa era possibile gestire questo tipo di commercio con la *Consegna digitale*, opzione che ormai non è più disponibile. Oggi hai due alternative. La prima è scontata: puoi creare un annuncio su eBay Classico in formato *Compralo subito*, impostando un'inserzione multipla e dovendo poi spedire fisicamente il manuale al destinatario.

La seconda è molto più semplice e meno dispendiosa: gli ebook possono essere venduti utilizzando eBay Annunci. Il vantaggio è che gli annunci sono completamente gratuiti, non dovrai quindi pagare alcuna tariffa, a meno che tu non decida di avvalerti di alcune opzioni; inoltre l'annuncio ha una validità di 60 giorni.

Niente male, vero? Potrai vendere i tuoi ebook nella categoria «Libri, film e musica» indicando la sottocategoria «Altro».

Creare l'annuncio richiede meno di due minuti. Ricorda che si tratta di un'inserzione che, molto semplicemente, ti consentirà di metterti in contatto con un potenziale acquirente; per questo dovrai indicare i tuoi recapiti, come telefono e indirizzo email. Ovviamente questo non basta, perché devi rendere il tuo ebook scaricabile e acquistabile. Sarà quindi essenziale creare un MiniSito esterno a eBay e segnalarlo nell'annuncio; eBay Annunci offre infatti la possibilità di inserire un indirizzo web.

Per quanto riguarda il primo punto, puoi caricare il tuo file su uno dei tanti spazi web offerti gratuitamente, ad esempio RapidShare o Altervista.org; inserirai poi in pochi passi il tuo ebook e avrai un link per poterlo scaricare.

Rimane però il problema della consegna digitale automatica. Difatti, anche se puoi tranquillamente listare i tuoi ebook, diventerebbe noioso spedire manualmente a tutti i tuoi clienti il loro acquisto via email, specialmente se questa è la tua attività primaria e, magari, hai in vendita decine di ebook; senza contare che se per qualche giorno non puoi lavorare al pc, rischi una valanga di email di protesta. Ma ecco la soluzione: un software che gestisce la consegna digitale e l'invio automatico delle email ai tuoi clienti.

Puoi trovare un software con queste caratteristiche su www.Consegna-Digitale.com; i clienti, subito dopo aver pagato con PayPal, si vedranno recapitare l'email con il link da cui potranno scaricare l'ebook. Il software si collega infatti al tuo account tramite gli IPN, ossia le notifiche istantanee che PayPal fornisce ad ogni pagamento.

Per cominciare dovrai creare un vero e proprio MiniSito al quale il cliente interessato potrà accedere, come dicevo, a partire dal tuo annuncio; inserirai qui il pulsante di pagamento PayPal. Sarà bene costruire un MiniSito convincente, come spiego nel mio ebook *Fare Soldi Online con Blog e MiniSiti*. Una volta convinto il cliente ad acquistare dovrai fargli avere il prodotto. Come? Basta creare una semplice pagina Web in HTML verso la quale verrà indirizzato dopo aver pagato l'ebook con PayPal. Per fare questo accedi al tuo account PayPal e seleziona «Servizi per l'ecommerce»; da questa pagina seleziona l'opzione «Add Buy Now Bottons» (pulsante "Paga ora") e compila il modulo.

Crea il pulsante Paga adesso

Dettagli sull'oggetto

Nome dell'oggetto/servizio:	eBook Guadagnare con le Affiliazioni
ID/Numero dell'oggetto: (opzionale)	
Prezzo:	49,90
Valuta:	Euro

Puoi modificare la lingua e il contenuto della procedura di pagamento predefiniti per l'acquirente effettuando la selezione dai Paesi riportati di seguito. Altrimenti non modificare le impostazioni e la scelta verrà effettuata dagli acquirenti stessi.

Paese predefinito dell'acquirente:	Italia
Peso: (opzionale)	Kg

Scegli un pulsante da copiare sul tuo sito web (opzionale)

◉ [**Paga adesso**]   Scegli un altro pulsante

Inserisci in «Nome dell'oggetto» il titolo del tuo ebook e alla voce «Prezzo» il suo costo. Potrai anche scegliere diversi tipi di grafica per il tuo pulsante o caricarne uno personalizzato. Alla fine della pagina **non** cliccare sulla creazione diretta del pulsante ma scegli «Altre opzioni».

Personalizza l'esperienza del compratore (opzionale)

URL per pagamento riuscito - È la pagina a cui accederanno i clienti dopo aver eseguito il pagamento, ad esempio www.tuonegozio.com

URL per pagamento riuscito: http://www.tuonome.com/link_ebook.htm [Modifica] [?]

Trasferimento dei dati del pagamento: attivata [Modifica]

URL di Annulla pagamento - È la pagina a cui accederanno i clienti dopo aver annullato il pagamento, ad esempio www.tuonegozio.com/annulla

URL di Annulla pagamento: http://www.tuonome.com/annulla.htm [?]

Preferenze per la quantità e la spedizione

Desideri offrire agli acquirenti la possibilità di acquistare più unità di questo oggetto o servizio specifico? **Nota:** tieni presente che ciò consentirà ai clienti di scegliere qualsiasi quantità desiderata.
○ Si ◉ No

Desideri che i tuoi acquirenti forniscano il proprio indirizzo di spedizione?
○ Rendi opzionale la spedizione.   ○ Si, richiedi la spedizione.   ◉ Spedizione non richiesta.

Note del cliente e istruzioni speciali

Desideri che i donatori possano includere una nota insieme al proprio pagamento?

L'opzione più importante è «URL per pagamento riuscito»; inserirai qui il link alla pagina di ringraziamento e conferma dell'acquisto. Questa breve pagina dovrà contenere:

- un breve e sincero ringraziamento per aver acquistato da te;

- il link per il download del prodotto;

- eventualmente un link per un'offerta speciale (un altro ebook

  a prezzo scontato) o il link al tuo negozio eBay.

Chiamerai questa semplice pagina web, ad esempio, "link_ebook.html", e la caricherai sul tuo spazio web o dominio.

Ci sono poi altri particolari da definire, come ad esempio la quantità singola e la spedizione non richiesta, oltre, eventualmente, alla possibilità di far digitare al cliente un messaggio contestualmente al suo pagamento. Una volta definite tutte le opzioni potrai cliccare su «Crea pulsante», si genererà il tuo Codice HTML da copiare e incollare direttamente nel tuo MiniSito.

Potresti quindi vendere ebook con diritti di rivendita, ma non solo. Perché, infatti, non pensi alla creazione di un tuo ebook? Potrebbe essere facile, soprattutto se scrivi di qualcosa che ti interessa veramente, come il tuo hobby preferito. Perché non scrivere *I 10 segreti del modellismo* o *Le 50 ricette migliori per il tuo Natale*? Piccolo sforzo, grande guadagno. Pensaci: ti impegni una sola volta e poi il tuo lavoro continua a farti guadagnare per mesi. Si chiama "valore residuo" ed è uno dei segreti che si impara da personaggi del calibro di Donald Trump, Anthony Robbins, Robert Allen.

Una volta scritto il tuo ebook potrai venderlo a un prezzo variabile a seconda della qualità, dell'originalità, della lunghezza del prodotto, tra 10 e 99 €, in formato *Compralo Subito* oppure mettendo un'inserzione su eBay Annunci che rimanderà a un tuo MiniSito. Guadagnerai fino a dieci volte di più rispetto a quello che otterresti vendendo la tua prima opera in libreria.

Oppure puoi scegliere il tuo argomento in base a una ricerca di mercato. Potendo conoscere i prodotti più venduti su eBay avresti un gran vantaggio, potresti infatti creare un prodotto su misura per gli utenti di eBay. È possibile? Puoi avere un accesso parziale a questi preziosi dati in maniera del tutto gratuita; eBay stesso fornisce infatti le classifiche dei prodotti più venduti, i trend di vendita e altri dati molto utili a questo indirizzo web: Pulse.eBay.it.

SEGRETO n. 9: osserva i trend di eBay per cercare di capire

cosa cercano gli utenti e creare così prodotti di sicuro successo.

Nella stessa pagina troverai pubblicata la lista dei negozi migliori e più forniti: visitali, osservali, studiali; è così che ho imparato le tante strategie per avere successo e fare soldi su eBay. Il modellamento è la tecnica che ti consente di prendere il meglio che gli altri hanno raggiunto con anni di esperienza.

Accedi alle pagine dei negozi migliori, osserva cosa vendono e come lo vendono; controlla se fanno *Aste Online*, da che prezzo partono, quanto durano e così via. Guarda cosa offrono per il *Compralo Subito* e se trovi qualcosa di interessante. Sono sicuro che, come potrai verificare, le loro aste sono accuratamente studiate sia nei prezzi di partenza sia negli orari e giorni di scadenza. Osserva anche annunci, titoli, schede dei prodotti.

SEGRETO n. 10: per imparare il massimo applica la tecnica del modellamento, osserva e impara da persone o negozi eBay che hanno un punteggio di feedback alto.

Altre idee su cosa vendere? Sì. Il 90% dei venditori di eBay vende cose normalissime, oggetti qualsiasi: regali di Natale che non sono piaciuti, il cellulare vecchio, un videogioco e così via. Corri a vedere nella tua cantina o nel tuo ripostiglio, sicuramente hai oggetti inutili che sono lì da chissà quanti anni.

Non hai oggetti? Chiedi a parenti e amici, offriti di agire come intermediario nella vendita dei loro oggetti. Sei pigro e non vuoi svuotare cantine? Munisciti di fotocamera digitale e chiedi loro il permesso di fare foto agli oggetti. In fondo hai bisogno solo della foto per mettere l'annuncio su eBay e l'oggetto lo prenderà il corriere per la spedizione quando l'asta sarà conclusa. L'amico mette l'oggetto, tu la tua competenza, alla fine dividete al 50% le entrate e ci guadagnate entrambi.

Appena si spargerà la voce che sei bravo a vendere su eBay, saranno le persone stesse a chiamarti per svuotare la cantina e, ovviamente, avere un piccolo guadagno. Per questo tipo di oggetti ti consigliamo il formato *Asta Online* con prezzo di partenza di 1 €. Per quanto sia rischioso partire così bassi senza *Prezzo di Riserva*, questo formato attira in media il 90% delle persone: è proprio questo genere di annunci che scatena la guerra dei prezzi.

C'è un'altra possibilità, si tratta di trovare oggetti di un certo tipo, pagarli poco e rivenderli a tanto. Per farti un esempio, mio zio ha iniziato tanti anni fa a comprare trenini su eBay. È un collezionista e Internet gli ha dato l'opportunità di trovare dei pezzi delle sue locomotive preferite che in Italia non si trovano e per questo valgono tantissimo. Lui li ha trovati su eBay e se li è fatti spedire dalla Germania, dalla Svizzera, dall'Inghilterra e dagli Stati Uniti.

Inizialmente era solo un appassionato che comprava per la sua collezione. Un giorno, però, si è accorto che uno dei trenini che aveva comprato a circa 100 $ era in vendita in Italia a quasi 1000 €, e così altri trenini che aveva comprato poco tempo prima su eBay. Morale: li ha rivenduti tutti e, grazie anche ai miei consigli, ha guadagnato una cifra spaventosa. Ora ha un business in piena regola basato sui trenini da collezione.

Se hai un hobby, una passione molto forte, allora dai un'occhiata in giro. Guarda cosa si vende e a quanto, se vedi buoni affari non esitare a comprare per poi rivendere. La mia regola personale è che un oggetto deve essere scontato almeno del 30% rispetto al suo valore di mercato: se vale 100 deve stare a 70, semplice.

Proprio per questo un'altra cosa che puoi fare è cercare dei grossisti, comprare uno stock di oggetti e rivenderli. In genere quando compri grandi quantità il prezzo è talmente basso che hai ampi margini di guadagno. Tuttavia se altri venditori esperti vedono che tu stai guadagnando bene con quell'oggetto potrebbero copiare l'idea, ottenere prezzi migliori dal grossista e farti una concorrenza agguerrita. Attenzione ad acquistare da grossisti cinesi o americani: non dimenticare le altissime tasse doganali, il costo del trasporto e il rischio truffa, che difficilmente puoi risolvere quando il fornitore è all'estero.

Puoi vendere addirittura in Dropship, una sorta di accordo con dei grossisti che gestiscono anche il magazzino e le spedizioni. In pratica, quando tu hai l'ordine da parte del cliente, comunichi i dati e loro effettuano la spedizione. Il guadagno corrisponde alla differenza tra quanto paghi per il prodotto più il servizio e il tuo prezzo di vendita. Spesso ci sono dei buoni margini su migliaia di piccoli prodotti come peluche, profumi e altro che puoi vendere con il *Compralo Subito*. L'aspetto più interessante è che tu non devi comprare nulla, non devi anticipare soldi e non devi avere un magazzino.

RIEPILOGO DEL CAPITOLO 2:

- SEGRETO n. 6: per aumentare velocemente il tuo punteggio di feedback devi comprare prodotti da 1 €; preferisci gli ebook con diritto di rivendita per avere già in mano dei prodotti da vendere.

- SEGRETO n. 7: utilizza il formato *Compralo Subito* e l'opzione inserzione multipla per vendere velocemente i tuoi prodotti da 1 €.

- SEGRETO n. 8: stabilisci per il tuo annuncio una durata tale da far terminare la tua asta in giorni e orari pieni di gente.

- SEGRETO n. 9: osserva i trend di eBay per cercare di capire cosa cercano gli utenti e creare così prodotti di sicuro successo.

- SEGRETO n. 10: per imparare il massimo applica la tecnica del modellamento, osserva e impara da persone o negozi eBay che hanno un punteggio di feedback alto.

CAPITOLO 3:

Come creare annunci vincenti

Sono le piccole strategie quelle che fanno la differenza, e quando le sommi tutte in un'unica inserzione i risultati possono essere davvero eclatanti. Una volta trovati prodotti interessanti da vendere, per farti trovare dai tuoi clienti devi curare l'annuncio, che compare tra migliaia di inserzioni, e la descrizione del tuo prodotto.

Iniziamo dagli **annunci**: la regola numero uno è quella di farsi trovare. Come fare? Se cerchi su eBay «videogiochi usati» usciranno centinaia di risultati. Ora, dai un'occhiata all'immagine di seguito e dimmi cosa noti di particolare.

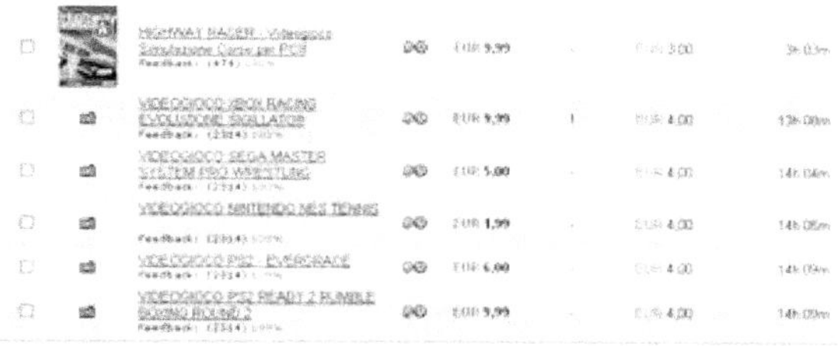

☐		HIGHWAY RACER - Videogioco Simulazione Corse per PC/F Feedback: (474)		EUR 9,99	EUR 3,00	3h 03m
☐		VIDEOGIOCO XBOX RACING EVOLUZIONE SIGILLATO Feedback: (2324)		EUR 9,99	1	EUR 4,00	13h 08m
☐		VIDEOGIOCO SEGA MASTER SYSTEM PRO WRESTLING Feedback: (2324)		EUR 5,00	EUR 4,00	14h 04m
☐		VIDEOGIOCO NINTENDO NES TENNIS Feedback: (2324)		EUR 1,99	EUR 4,00	14h 05m
☐		VIDEOGIOCO PS2 - EVERGRACE Feedback: (2324)		EUR 6,00	EUR 4,00	14h 05m
☐		VIDEOGIOCO PS2 READY 2 RUMBLE BOXING ROUND 2 Feedback: (2324)		EUR 9,99	EUR 4,00	14h 05m

Senza dubbio ti accorgerai che un annuncio spicca moltissimo sugli altri: quello preceduto dall'immagine. Questa opzione si chiama *Galleria* e ti permette di avere la foto del tuo oggetto direttamente nei risultati della ricerca; utilizzala perché contribuisce in maniera notevole al tuo successo. Inoltre la prima foto è gratuita, mentre solo eventuali altre immagini sono a pagamento, a meno che non usi una strategia che ti esporrò più avanti per averle gratis.

Puoi ottimizzare la **forma** del tuo annuncio pubblicando fotografie o utilizzando altre opzioni come il grassetto e la cornice colorata, tuttavia è essenziale curarne il **contenuto**, a partire dal titolo. Il **titolo** è di fondamentale importanza perché è l'unico "strumento" con cui puoi convincere gli acquirenti a cliccare sul tuo annuncio. Hai a disposizione solo 55 caratteri e li devi usare al meglio. Come? L'obiettivo deve essere motivare le persone. Chiarisci loro i **benefici** del tuo prodotto; attenzione, non le caratteristiche ma i benefici, cioè i vantaggi che gli acquirenti possono trarre dal suo acquisto.

Se vendi ebook, un titolo come *Ebook che ti spiega 100 strategie efficaci in 150 pagine* è completamente errato, perché descrive semplicemente alcune caratteristiche ma di fatto non dice niente sui vantaggi che può dare. Un titolo come *Fare Soldi Online. Strategie per Guadagnare Denaro Ora* è molto più accattivante, dialoga direttamente con la mente inconscia delle persone, mostra benefici per i quali vale la pena spendere.

Non solo. Il secondo titolo contiene tutte le **parole chiave** più ricercate su eBay nel settore "soldi", in tutte le combinazioni possibili. Quindi il tuo annuncio compare se le persone cercano «fare soldi, fare soldi online, guadagnare, soldi, guadagnare soldi, strategie per fare soldi, fare denaro, guadagnare denaro» e così via.

Ancora una cosa: oggi i risultati delle ricerche sono disposti in ordine di rilevanza. Con questo nuovo algoritmo eBay dà maggiore visibilità agli oggetti proposti non solo dai migliori venditori, quelli cioè con maggior punteggio di feedback e che offrono i prezzi più competitivi, ma anche a quelle inserzioni che presentano titolo e descrizione che riguardano effettivamente la parola cercata. In quest'ottica, quindi, ottimizzare il contenuto del titolo con parole chiave che riguardano il tuo oggetto in vendita, che siano anche molto ricercate, renderà il tuo un annuncio di successo!

SEGRETO n. 11: ottimizzare il contenuto del titolo utilizzando parole chiave molto ricercate e rilevanti ti

permette di avere più visibilità.

Oltre a premiare il titolo e l'inserzione rilevante per la tematica dell'oggetto che stai vendendo, il nuovo algoritmo di eBay favorisce le inserzioni multiple che hanno venduto più oggetti. Quindi, se stai vendendo un ebook sulle ricette con formato *Compralo Subito* e quantità 100, e ne hai venduti 90, sarai avvantaggiato rispetto alla guida sullo stesso argomento del tuo concorrente che magari non ha un'inserzione multipla o ha venduto soltanto 10 copie.

Che dire, invece, se hai appena inserito il tuo annuncio e quindi, ovviamente, non puoi contare su una certa quantità di oggetti venduti? E se invece stai vendendo un singolo prodotto fisico, come puoi ottenere visibilità con questo nuovo algoritmo di ricerca di eBay? Dovrai utilizzare l'opzione *Subito in vetrina.*

Questa nuova opzione di vendita ti dà la possibilità di comparire nella vetrina della **prima pagina** dei risultati di ricerca. Gli unici requisiti richiesti per poter approfittare di questo strumento di visibilità sono quelli di avere un conto PayPal verificato associato al tuo account e un punteggio minimo di 10 feedback.

Ancora due parole sulla scelta del titolo. Evita del tutto i punti esclamativi e altri caratteri speciali. Inoltre non deve essere un insieme casuale di parole chiave, come accade spesso; non ha senso inserire nel titolo anche parole come "tv, psp, pc" se, pur essendo molto ricercate, non hanno nulla a che fare con il tuo prodotto. Piuttosto utilizza cerca di capire quali sono le parole più ricercate nel web utilizzando strumenti specifici. Ti consiglio Keyword Tool di Google.

Puoi inserire una parola chiave, ad esempio «Ferrari», e verificare quante volte nell'ultimo mese questa parola e altre decine di parole correlate ad essa sono state inserite nei motori di ricerca.

Se tu usi le parole chiave giuste nel titolo del tuo annuncio, automaticamente questo non comparirà solo nei risultati di eBay, ma anche in quelli di Google e degli altri motori di ricerca.

Può essere molto utile usare sinonimi: ad esempio "notebook", "portatile", "pc", "computer" e così via. Se inserisci diversi annunci cambia sempre il contenuto del titolo, in questo modo apparirai su ricerche diverse e potrai arrivare a un numero di persone certamente maggiore; inoltre potrai testare quali sono i titoli che funzionano meglio e che ti procurano più vendite.

Un altro strumento molto utile è Misspellsearch; si tratta di un sito web che verifica la presenza di parole di ricerca digitate in maniera non corretta. Un esempio: sapevi che tra i migliaia di collezionisti che ogni giorno cercano modellini su eBay c'è una buona percentuale che digita una parola diversa? Misspellsearch ti dice esattamente quali sono queste parole: «midellini, modelloni, modellimi, modellino, mpdellin» ecc. Come ti può essere utile tutto questo? Molto semplice: puoi includere alcune di queste parole nel tuo annuncio, in questo modo il tuo sarà l'unico annuncio visualizzato nei risultati di queste ricerche errate.

Infine, anche se la scadenza dell'inserzione non è più il fattore determinante per le prime posizioni, per il formato *Asta Online* eBay tendenzialmente mette più in alto le aste in scadenza. Per questo motivo è importante studiare la durata dell'annuncio, in modo che termini nelle ore e nei giorni in cui c'è tanta gente online.

Seguendo questi suggerimenti avrai un annuncio irresistibile. Per vendere il tuo prodotto devi avere una **pagina** ben strutturata e ottimizzata per la vendita. In altre parole dovrai creare un MiniSito, una pagina che racchiude decenni di studi sulla comunicazione e la persuasione. eBay utilizza proprio questo sistema di vendita, in quanto tu hai una sola pagina a disposizione dove inserire tutto il possibile per vendere il tuo prodotto.

Il MiniSito focalizza la tua attenzione su un unico prodotto e su un'unica azione: **comprare**. Ti motiva, ti informa, risponde a tutte le tue domande in merito a quel prodotto e te lo vende. Come puoi costruire un MiniSito efficace? I passi principali che la tua pagina di vendita su eBay deve seguire sono fondamentalmente tre.

SEGRETO n. 12: un ottimo annuncio deve portare a un'ottima pagina del prodotto, la migliore strategia è il

MiniSito.

Su eBay si trovano milioni di annunci e se tu hai la fortuna di avere un utente sul tuo sito non lo devi perdere. Jakob Nielsen sostiene che gli altri concorrenti sono sempre a un solo click di distanza, quindi è di fondamentale importanza concentrare tutti gli sforzi nell'attirare l'utente e **motivarlo** a rimanere sulla tua pagina con promesse e benefici che poi devono essere rigorosamente mantenuti.

Per far risaltare il tuo prodotto, come dicevo in precedenza, e attirare il cliente con la tua inserzione, puoi mettere quante foto vuoi, peccato che eBay ti chieda di pagare delle tariffe per ogni foto oltre alla prima. Ma c'è un segreto per pubblicare più immagini senza limiti e senza pagare un solo centesimo.

In pratica quando si inserisce la prima foto gratuita su eBay, questa viene selezionata dall'hard disk del tuo computer e caricata sul server di eBay, cioè sul suo spazio web. Ma se tu carichi le tue foto su un altro spazio web, uno dei tanti offerti gratuitamente su internet, come Altervista.org, e poi utilizzi nell'annuncio il codice HTML per caricare le foto da quel server, non pagherai nulla. Il codice di programmazione HTML per caricare gratuitamente un'immagine da un altro spazio web è il seguente:

```
<img src="http://www.tuosito.com/tuospazio/foto.jpg" >
```

Ti ricordo che le foto devono essere "leggere": eviterai di appesantire troppo la tua pagina e rallentare la navigazione. Le immagini devono essere di buona qualità, non c'è niente di peggio che un buon prodotto presentato male. Ricorda che sei in fase di motivazione e le fotografie devono attirare positivamente l'attenzione dell'utente: le persone comprano con le emozioni.

SEGRETO n. 13: devi Motivare ricordando che le persone comprano con le emozioni; mostra loro in modo originale i benefici del tuo prodotto.

La prima cosa è far sognare i tuoi utenti, attirare la loro attenzione mostrando i benefici del tuo prodotto sin dal titolone iniziale. Non scrivere, ad esempio, *Guida in 30 pagine sulla seduzione*, ma **come** questa caratteristica può cambiare la vita dell'acquirente: *Guida su come trovare il partner dei tuoi sogni*. Questo si che è un beneficio che colpisce il cuore dei tuoi clienti.

A questo punto sei riuscito a catturare l'attenzione degli utenti del tuo sito, hai fatto breccia nel loro cuore e li hai motivati a saperne di più. Le promesse sono straordinarie ma la fiducia ancora non te la sei guadagnata, quindi la vendita è ancora a rischio. Devi ora **informare** le persone di tutte le caratteristiche del tuo prodotto, perché se è vero che l'acquisto è fatto con le emozioni, subito dopo le persone devono giustificare la loro scelta con la ragione.

Per questo motivo la tua pagina deve essere esauriente e completa: più informazioni correlate al prodotto fornisci, più alta sarà la probabilità di vendere.

SEGRETO n. 14: devi Informare, perché le persone devono giustificare con la ragione la loro scelta, quindi mostra tutte le caratteristiche del tuo prodotto.

Su eBay la tua inserzione è composta da una sola lunga pagina di vendita, ed è con quella che tu devi convincere il tuo utente a comprare. Quindi fornisci tutte le informazioni possibili: indica le caratteristiche tecniche del tuo prodotto, le funzioni, la durata, spiega come si usa ecc. Probabilmente all'inizio riceverai delle email con richiesta di informazioni, utilizza queste domande e le tue risposte per aggiungere dettagli sul tuo MiniSito.

Dunque hai motivato per bene il potenziale acquirente facendogli provare determinate sensazioni e stati emotivi; lo hai informato di tutte le caratteristiche del tuo prodotto al punto che lo vuole davvero acquistare, tuttavia c'è ancora qualche dubbio. Quello che devi fare è semplice: lo devi **rassicurare**.

SEGRETO n. 15: dopo aver conquistato e informato il tuo acquirente devi ottenere la sua fiducia rassicurandolo, solo allora comprerà.

Devi creare in lui la fiducia più totale. Per esempio puoi mettere a disposizione un invito a contattarti via email o pubblicare in evidenza dati personali o aziendali. Devi inoltre essere trasparente su tutti i servizi e dei relativi costi; è altresì importante che indichi se il tuo prodotto ha dei difetti, se è nuovo o usato. Informa di tutto quanto può essere necessario affinché l'acquirente non abbia sorprese dopo aver comprato. Più sarai chiaro e limpido, più eviterai il rischio di feedback negativi, più il tuo punteggio di feedback salirà velocemente.

Per creare fiducia puoi utilizzare la pagina personale che eBay ti offre per parlare di te e specificare qui quali competenze hai. Sono importantissime anche le **testimonianze** di clienti soddisfatti. Se il tuo prodotto è buono e funziona, ti arriveranno email ringraziamento: chiedi di pubblicarle. In alternativa puoi provare a chiedere tu stesso dei commenti. Le testimonianze funzionano perché utilizzano uno dei principi di persuasione esposti da Robert Cialdini: la **riprova sociale**. In sostanza, se tutti fanno quella cosa vuol dire che anche noi dobbiamo o possiamo farla tranquillamente. Quindi se il tuo cliente non compra perché teme di prendere una "fregatura", dargli la riprova sociale attraverso le testimonianze è essenziale. In fondo eBay te le offre per natura, quindi tanto vale utilizzare i feedback positivi anche per riempire la pagina dell'inserzione.

RIEPILOGO DEL CAPITOLO 3:

- SEGRETO n. 11: ottimizzare il contenuto del titolo utilizzando parole chiave molto ricercate e rilevanti ti permette di avere più visibilità.

- SEGRETO n. 12: un ottimo annuncio deve portare a un'ottima pagina del prodotto, la migliore strategia è il MiniSito.

- SEGRETO n. 13: devi Motivare ricordando che le persone comprano con le emozioni; mostra loro in modo originale i benefici del tuo prodotto.

- SEGRETO n. 14: devi Informare perché le persone devono giustificare con la ragione la loro scelta, quindi mostra tutte le caratteristiche del tuo prodotto.

- SEGRETO n. 15: dopo aver conquistato e informato il tuo acquirente devi ottenere la sua fiducia rassicurandolo, solo allora comprerà.

CAPITOLO 4:

Come creare rendite automatiche

Ora che hai imparato a vendere su eBay devi lavorare per aumentare i guadagni, diminuendo contemporaneamente il tempo che impieghi per portare avanti il tuo business. Per fare questo devi **automatizzare** al massimo tutte le procedure in modo da dover dedicare a questo lavoro non più di 10 minuti al giorno. eBay stesso offre alcuni strumenti professionali che, se gestiti correttamente, ti consentiranno di ottenere il massimo da vendite, feedback, annunci e pagine.

Cominciamo dalle vendite: impostando alcune funzioni automatiche puoi aumentarne il numero in modo considerevole. Il segreto è applicare la tecnica dell'**upsell**, che consiste nel vendere allo stesso cliente ulteriori accessori o prodotti correlati a quello che gli hai appena venduto. Pensa ai venditori di automobili: non è forse vero che assieme all'auto vendono anche la vernice metallizzata, l'antifurto satellitare, i sedili in pelle, il climatizzatore, il navigatore e altri optional?

E perché il cliente risponde bene all'upsell? Nel momento in cui tu hai già deciso di acquistare sei in uno stato emozionale molto forte, in cui è facile farti fare quel passetto in più. Come dice il proverbio, «abbiamo fatto trenta, facciamo trentuno». Anche alcuni siti di ecommerce utilizzano questa tecnica con successo.

E su eBay questo è possibile? In generale no, perché l'utente compra, paga, invii il prodotto, vi scambiate i feedback e finisce lì. Ma non tutti sanno che eBay offre uno strumento per utenti professionali studiato apposta per questa vendita aggiuntiva: la *Promozione incrociata*. Questa opzione serve a promuovere e vendere in maniera automatica prodotti correlati a quello che l'acquirente sta comprando, non puoi però utilizzarla nel caso di inserzione multipla.

SEGRETO n. 16: usa la *Promozione Incrociata* per vendere più prodotti allo stesso cliente durante l'acquisto.

Questo significa in molti casi raddoppiare o triplicare il prezzo medio di vendita. Il bello è che i prodotti correlati vengono visualizzati anche quando l'acquirente vede la tua inserzione e sta semplicemente navigando sulla tua pagina prodotto.

È davvero un ottimo strumento ma non l'unico. Infatti se è vero che puoi vendere prodotti correlati **durante** la presentazione o l'acquisto di un oggetto, puoi farlo anche **dopo** e a distanza di tempo. Come? Utilizzando il servizio di *Mailing List*, che ti permette di offrire ai tuoi clienti o ai tuoi visitatori una newsletter gratuita; potrai promuovere nuovi prodotti o informare gli utenti di aggiornamenti e novità.

SEGRETO n. 17: usa la *Mailing List* per vendere più prodotti allo stesso cliente dopo l'acquisto.

Uno dei modi per motivare le persone a iscriversi alla tua lista è offrire loro dei benefici concreti. Non usare il banale: «Iscriviti alla Newsletter» ma piuttosto: «Iscriviti per ricevere omaggi e sconti sui nostri prodotti», oppure: «Iscriviti e scarica subito un ebook in omaggio». Ti rendi conto della differenza? Mettere bene in evidenza i benefici ti permetterà di ottenere decine di iscritti in pochissimi giorni. Al tempo stesso non trascurare l'informativa sulla privacy, con la quale farai presente a chi si iscrive che i suoi dati verranno non verranno mai ceduti a terzi.

Anche in questo caso i passaggi sono sempre gli stessi: **motivare** con i benefici, **dare tutte le informazioni** relative al trattamento dei dati e **rassicurare** su come li utilizzerai. In fondo i princìpi della vendita valgono sempre, anche se stai vendendo un'idea.

Certo, a questo punto potrebbe venirti il dubbio che non è facile gestire tutte queste cose insieme. Aumentano sì i guadagni, ma a quanto pare anche il tempo. C'è una soluzione anche per questo: lo strumento che ti permette di gestire tutto insieme, in maniera automatica e in un'unica schermata esiste, è gratuito e si chiama *Gestore delle Vendite*.

Grazie a questa funzione potrai controllare lo stato di tutte le tue inserzioni; gestire gli oggetti programmandone la vendita attraverso la funzione *Inserzioni programmate*; gestire gli oggetti venduti e rimettere in vendita gli invenduti; controllare e gestire le attività post-vendita, tra cui quelle relative al rilascio di feedback, invio di email, pagamenti e spedizione.

SEGRETO n. 18: attiva il *Gestore delle Vendite* per rendere più efficiente e automatico il tuo lavoro come venditore.

Il *Gestore delle Vendite*, una volta attivato, sostituisce la pagina iniziale del pannello di controllo *Il Mio eBay* e rende tutto più efficace. Ne esiste anche una versione a pagamento, il *Gestore delle Vendite Plus*, che ha alcune funzionalità aggiuntive come la gestione del magazzino prodotti, la creazione e memorizzazione di modelli per le tue pagine prodotto, l'analisi delle tue vendite e l'automatizzazione di alcune attività post-vendita, quali l'invio di email e il rilascio di feedback. In ogni caso ti consigliamo di iniziare con quello di base, che è gratuito, così da capire quali sono le tue esigenze.

Aprire un negozio eBay

Dal *Gestore delle Vendite* puoi anche attivare un fondamentale strumento di qualsiasi PowerSeller: il *Negozio*. Si tratta di un vero e proprio sito di ecommerce che eBay offre per raggruppare in una pagina tutti i tuoi prodotti e tutte le categorie di prodotti di cui disponi. Il negozio permette di fidelizzare i tuoi clienti e quindi di aumentare le vendite, inoltre offre un congruo risparmio sulle tariffe e sulle maggiori opzioni di vendita.

Creare un negozio eBay è il modo migliore per ottenere il massimo successo dalla propria attività online. Non trascurare il fatto che questa opzione ti consente di personalizzare la tua attività scegliendo colori, grafica e contenuto. Un altro vantaggio interessante è che il prodotto inserito in negozio può non avere scadenza, in pratica hai una sorta di rinnovo automatico.

Potrai aprire il tuo *Negozio* eBay direttamente dalla pagina principale cliccando su «Negozi», selezionando subito dopo «Apri un Negozio». Potrai scegliere tra diverse opzioni di iscrizione; per iniziare consiglio quella base, il primo mese è gratuito, non hai quindi costi di apertura. Quando però il tuo volume di affari sarà più elevato consiglio *Negozio Premium* per i tanti vantaggi in termini di tariffe e di visibilità, inoltre avrai il *Gestore delle Vendite Plus* in omaggio e commissioni di vendita più basse per alcune categorie specifiche, come ad esempio gli oggetti elettronici.

Tra le altre cose, dovrai scegliere il **nome** del tuo negozio. Ricorda che questo nome è anche una **parola chiave** che verrà indicizzata nei motori di ricerca insieme alle tue inserzioni. Scegli quindi un nome immediato, facile da ricordare, molto semplice ed evita parole straniere. Una volta aperto il negozio avrai molte opzioni aggiuntive raggiungibili da «Gestione del negozio».

Cliccando su «Impostazioni di Presentazione» verrà fuori una pagina dedicata a tutti quegli aspetti estetici, per così dire, che determineranno la tua immagine. Ad esempio, potrai caricare su eBay il tuo **logo** che apparirà, se lo vorrai, in tutte le tue inserzioni; potrai inserire la tua **descrizione del negozio** che dovrà invogliare gli utenti a visitarlo.

Potrai addirittura scegliere il **tema grafico**. Le opzioni che seguono riguardano la **barra di navigazione a sinistra**, ed è consigliato attivarle praticamente tutte cliccando su «Modifica».

Impostazioni della barra di navigazione a sinistra		Modifica
Mostra casella di ricerca:	Si	
Mostra le categorie:	Si	
Mostra le opzioni di presentazione per l'acquirente:	Si	
Mostra le pagine del Negozio:	Si	

Il passo successivo sarà quello di creare l'**intestazione del negozio**. Questa parte è completamente personalizzabile, addirittura puoi inserire un tuo codice HTML.

Potrai infine curare la **presentazione dei tuoi oggetti,** decidere cioè in che modo questi appariranno ai visitatori. Personalmente preferisco *Galleria - in Scadenza,* in modo tale da avere un'immagine ingrandita degli oggetti in ordine di scadenza. Dopo aver terminato la parte grafica del negozio sarà importante prestare attenzione alla scelta delle **categorie** per suddividere i tuoi prodotti su scaffali virtuali, così che il tuo visitatore possa trovare più facilmente l'oggetto che cerca. Utilizzare categorie pertinenti ti aiuterà a ottimizzare il tuo negozio per i motori di ricerca. Infine, tramite le **pagine personalizzate** e gli **spazi delle promozioni** potrai aggiungere altre informazioni su di te.

Una volta impostate queste opzioni di base, avrai il tuo negozio pronto per pubblicare le tue inserzioni. Il negozio dispone di un indirizzo internet, comunicalo agli acquirenti in modo che possano tornare spesso a trovarti, esattamente come fosse un negozio su strada; non esitare quindi a inserire l'indirizzo del tuo negozio nella firma che metti nelle tue email, ad esempio:

========================

Altre Occasioni Imperdibili su

http://stores.eBay.it/TUO_NEGOZIO

========================

SEGRETO n. 19: apri un negozio per moltiplicare le tue vendite, aumentare la tua credibilità e gestire tutto con più efficienza.

Inoltre, già che il tuo negozio è paragonabile a qualsiasi sito web, non mancare di inserirlo nei motori di ricerca in modo da ottenere ancora più visitatori. Il miglior sito gratuito è Submitexpress.com. Ti consiglio di visitare qualche negozio per farti un'idea di come sono fatti, come funzionano e quali vantaggi immediati offrono: Stores.eBay.it. Il consiglio che ti do è di seguire i negozi di maggior successo, modellare le loro strategie e osservare quali tecniche di vendita utilizzano.

Naturalmente quando hai un tuo negozio puoi inserire tutti i link che vuoi all'interno della tua pagina prodotto, in modo da far sapere agli utenti che possono trovare altri oggetti per loro interessanti. In pratica il negozio funziona come una promozione incrociata multipla di tutti i prodotti di cui disponi: ciascun prodotto rimanda al negozio e il negozio rimanda a ciascun prodotto. Ecco perché se vuoi avere successo su eBay devi aprire un negozio. Puoi consultare le tariffe aggiornate direttamente sul sito di eBay.

Dai velocità al tuo business con TurboLister

Altro strumento di grande utilità e molto efficace per gestire il tuo nuovo business su eBay è un software gratuito che si chiama TurboLister. È uno strumento che permette di inviare oggetti a eBay in modo ancora più rapido, in una sola schermata puoi modificare e pubblicare velocemente i tuoi annunci.

Dispone inoltre di un editor HTML che ti consente di creare pagine prodotto in maniera molto semplice e intuitiva, anche se non sai programmare, contiene infatti diversi modelli predefiniti per rendere le tue inserzioni più accattivanti e originali. Puoi vedere un'anteprima delle tue inserzioni prima di pubblicarle, anche se non sei connesso a Internet, così da lavorare nella massima tranquillità, e poi… è gratis.

La toolbar di eBay

Non può mancare nella tua "cassetta degli attrezzi" la ToolBar di eBay che ti consente di fare ricerche all'interno del sito, ti fornisce link diretti al tuo pannello di controllo *Il Mio eBay*, alla home page di eBay, ai negozi, ai tuoi acquisti e alle tue vendite. Puoi tenere d'occhio gli oggetti che ti interessano, quelli per cui hai fatto un'offerta e quelli che hai comprato, tutti insieme.

Dispone anche di uno straordinario strumento di protezione per il tuo account che ti avvisa quando stai navigando su un probabile sito contraffatto di eBay creato allo scopo di rubare il tuo account. Inoltre la ToolBar ti avvisa con delle notifiche automatiche a ogni vendita effettuata e invia dei promemoria prima della scadenza di un'inserzione: potrebbero essere determinanti per aggiudicarti un oggetto. Quindi, anche se stai navigando su altri siti o se stai lavorando al computer, puoi sapere in tempo reale se è successo qualcosa di interessante sul tuo account.

Guadagnare senza vendere

Su eBay è possibile guadagnare anche senza vendere. Come? Tramite il programma di affiliazione. I programmi di affiliazione sono quelle collaborazioni per cui tu pubblicizzi un prodotto di un altro sito e in cambio prendi delle commissioni sulle vendite.

eBay si appoggia al sito italiano TradeDoubler per fornirti spiegazioni e pannello di controllo tutto in italiano. Puoi registrarti e sfruttare un Network gestito da eBay, aumentare i tuoi introiti semplicemente portando quanti più visitatori possibili sul sito di eBay. Ecco come: prima di tutto devi iscriverti ai vari programmi disponibili, scegliendo anche le varie piattaforme eBay sulle quali intendi lavorare.

Al momento dell'iscrizione ti verranno richieste alcune informazioni di base, incluso il tipo di sito web di cui disponi (ma puoi iscriverti anche se non hai ancora un tuo sito). Dopo aver completato l'iscrizione riceverai un'email contenente i dettagli di accesso al sito. Una volta registrato, vai sulla schermata dei programmi disponibili; qui trovi un elenco di programmi legati ai paesi per i quali hai richiesto l'iscrizione. Questa scheda è importante perché, sebbene eBay Partner Network sia una piattaforma globale, i vari paesi possono avere regolamento e struttura dei pagamenti diversi. Quindi valuta bene prima di aderire a un programma in particolare.

Ogni programma ha una serie di strumenti che puoi sfruttare per il tuo lavoro di affiliazione, anche se il più importante di essi è senza dubbio il *Generatore link*. Questo strumento consente di creare un link a qualsiasi pagina di eBay Partner Network.

Generatore link

Opzioni

Creatore della promozione	eBay
Tipo di link	⦿ Homepage ◯ Ricerca con parole chiave ◯ ID oggetto ◯ URL personalizzato
Geo-Targeting ⑦	◯ Sì ⦿ No
Seleziona il programma da	Seleziona un programma

Per prima cosa seleziona l'inserzionista: eBay. Scegli poi un tipo di link tra «Homepage», «Ricerca con parole chiave», «ID oggetto» o «URL personalizzato». Dovrai quindi immettere la parola chiave, l'ID dell'oggetto o l'URL personalizzato, ma ricorda di fare in modo che sia quanto più pertinente possibile al tuo sito. Ad esempio, se hai un sito internet sul calcio sarebbe molto interessante creare un link personalizzato che punti agli oggetti inerenti venduti su eBay, come magliette, palloni e oggettistica, guadagnerai una percentuale su ciascuna persona che poi decide di fare un'offerta per questi prodotti. Interessante, vero?

Alcune opzioni possono essere geo-targettizzate; questo significa che eBay individua il paese dell'utente che visita il tuo sito e lo indirizza al sito più appropriato. Dovrai tuttavia selezionare un programma predefinito da utilizzare nel caso in cui non sia possibile stabilire la provenienza dell'utente. Ti suggeriamo di selezionare il programma eBay IT, che è quello italiano.

Scegli il testo del link cercando di fare in modo che corrisponda a una richiesta di azione, ad esempio: «Guarda su eBay le magliette della tua squadra preferita». Infine clicca sul pulsante «Crea link» e copia e incolla il codice HTML nel tuo sito. Come vedi si tratta di una procedura molto semplice.

Ogni volta che un nuovo utente si iscrive a eBay passando per il link che hai creato (ad esempio quello per le magliette) o fa una prima offerta entro un certo periodo di tempo, eBay ti corrisponde una cifra. In effetti il bello di questo programma di affiliazione è che tu guadagni sia se porti nuovi iscritti, sia se fai fare loro delle offerte e soprattutto anche se li fai solo partecipare alle aste, anche senza vincerle.

Ovviamente il sito internet non è l'unico strumento a tua disposizione. Immagina, ad esempio, di mandare un'email a un tuo amico nella quale gli racconti dei grandi affari che stai facendo su eBay e lo inviti a iscriversi. Se lui si iscrive e diventa un utente attivo su eBay, tu guadagni dei soldi. Ora immagina di fare questo per tutta la tua lista di amici.

Oppure se hai un Blog molto visitato puoi consigliare eBay a tutti i tuoi lettori tramite un articolo, mettere dei banner o degli annunci sulle pagine del tuo sito. Puoi persino promuovere singoli prodotti, singole aste o intere categorie di prodotti che riguardano proprio l'argomento del tuo sito. Puoi infine aprire più siti internet e creare delle rendite multiple.

SEGRETO n. 20: per guadagnare anche senza vendere sfruttando le aste altrui, iscriviti gratis al programma di affiliazione di eBay.

Se non hai un sito web, non hai un Blog, non hai amici, puoi utilizzare Google; il motore di ricerca numero uno al mondo dispone infatti di un programma di pubblicità a basso costo che funziona in "pay per click", ossia paghi solo quando gli utenti cliccano sul tuo annuncio pubblicitario. Parlo ovviamente di Google Adwords; per approfondire puoi leggere *Il Codice di AdWords* e *Fare Soldi Online con Google*.

Ovviamente puoi usare Google AdWords non solo per pubblicizzare le aste altrui ma anche per pubblicizzare le tue stesse aste. Attenzione però a non confondere le due cose: se usi il programma di affiliazione non puoi guadagnare commissioni sulle tue stesse vendite, è espressamente vietato dal regolamento di eBay. Quello che invece puoi fare è utilizzare Google per promuovere le tue vendite o il tuo negozio su eBay. In questo modo avrai a disposizione non solo gli utenti già presenti su eBay ma anche gli altri milioni di persone che navigano su Google.

Esiste un altro modo per guadagnare da eBay senza vendere: diventare Assistente alle compravendite. Dovrai aiutare altri, in particolare utenti inesperti o quelli che non hanno tempo a disposizione, a gestire le proprie vendite. Naturalmente questa intermediazione viene premiata con delle commissioni sulla vendita.

In questo caso non devi fare campagne per promuovere dei prodotti, ma devi semplicemente fornire la tua consulenza e aiutare le persone a concludere delle vendite. Le tariffe vengono concordate con la persona che ti contatta per avere il tuo supporto. Verrai inserito in una lista di assistenti anche in base alla zona in cui abiti; in questo modo potrai aiutare anche fisicamente le persone a vendere i propri oggetti. Per diventare assistente devi avere punteggio di feedback pari almeno a 50 e almeno il 97% di feedback positivi.

SEGRETO n. 21: diventa Assistente alle compravendite per aiutare gli altri e guadagnare così commissioni sulle vendite.

Se ti piace questa strada non dimenticare di creare la tua Pagina Personale per promuovere te stesso e la tua credibilità. Ovviamente potrai pubblicizzare la tua pagina personale con Google AdWords per farti conoscere e per vendere i tuoi servizi di consulenza.

RIEPILOGO DEL CAPITOLO 4:

- SEGRETO n. 16: usa la *Promozione Incrociata* per vendere più prodotti allo stesso cliente durante l'acquisto.

- SEGRETO n. 17: usa la *Mailing List* per vendere più prodotti allo stesso cliente dopo l'acquisto.

- SEGRETO n. 18: attiva il *Gestore delle Vendite* per rendere più efficiente e automatico il tuo lavoro come venditore.

- SEGRETO n. 19: apri un *Negozio* per moltiplicare le tue vendite, aumentare la tua credibilità e gestire tutto con più efficienza.

- SEGRETO n. 20: per guadagnare anche senza vendere sfruttando le aste altrui, iscriviti gratis al programma di affiliazione di eBay.

- SEGRETO n. 21: diventa Assistente alle compravendite per aiutare gli altri e guadagnare così commissioni sulle vendite.

Conclusione

Come hai visto è davvero possibile avviare un'attività commerciale e redditizia con eBay, quindi è arrivato davvero il momento per darsi da fare: rileggi la guida da capo e mettiti seriamente al lavoro. Prendi le tue decisioni, magari cerca un amico con cui condividere queste strategie e comincia subito. Puoi essere uno di quelli che non agiscono pur avendo in mano delle strategie d'oro, oppure puoi darti da fare e ottenere risultati. Ora sta a te decidere.

La motivazione iniziale è importante, ma lo è tanto quanto il seguire tutti i consigli qui citati e con la dovuta dose di pazienza. non aspettarti di ottenere subito grossi guadagni. questo ebook è stato venduto a centinaia di persone ma quelle che hanno avuto un guadagno reale e importante non sono altro che poche decine. tutti gli altri hanno abbandonato la loro attività su ebay senza guadagnare nulla.

Questo ebook ti dà un'opportunità importante per poter guadagnare da casa, ma il resto dipende da te.

La mia ultima indicazione è questa: segui passo passo questo manuale, i consigli; leggilo anche più di una volta, e soprattutto, abbi pazienza se all'inizio non avrai i ricavi sperati. Ti assicuriamo che ne vale la pena perché, se ben sfruttato, un business su eBay è veramente un'ottima opportunità per raggiungere un reddito da casa senza dedicare troppo tempo e investimenti.

Spesso uno è talmente chiuso dalle proprie convinzioni limitanti che non si accorge che esistono modi concreti ed efficaci di raggiungere questi obiettivi. Noi sappiamo per certo che queste strategie, se applicate, funzionano.

Buon lavoro!

Giacomo Bruno